Marginales 324

Nuevos textos sagrados

Colección fundada por

Antoni Marí

LOLA MASCARELL

PRÉSTAME TU VOZ

TUSQUETS
EDITORES

1.ª edición: febrero de 2024

Diseño de la colección: Clotet-Tusquets
Diseño de la cubierta: BM
Reservados todos los derechos de esta edición para
Tusquets Editores, S. A. – Av. Diagonal, 662-664 – 08034 Barcelona
www.tusquetseditores.com
ISBN: 978-84-1107-401-8
Depósito legal: B. 333-2024
Fotocomposición: Realización Tusquets Editores
Impresión y encuadernación: Liberdúplex, S.L.
Impreso en España

ÍNDICE

En las inscripciones funerarias tempranas, los muertos rogaban al paseante: «préstame tu voz», para revivir y anunciar quién yacía en el sepulcro. Los griegos y romanos creían que todo texto escrito necesita apropiarse de una voz viva con el fin de completarse y alcanzar su plenitud. Por eso, el lector que paseaba su mirada por las palabras y empezaba a leerlas sufría una especie de posesión espiritual y vocal: su laringe era invadida por el aliento del escritor.

El infinito en un junco,
Irene Vallejo

A Lucía y a José

CANTAR DEL REGRESO

MIENTRAS cruzo las huertas
en la hora del riego
pienso en salmo y juntura,
en palabras que suenan a oración,
en músicas y versos
que salvan a ese niño que regresa
deprisa hacia su casa.

El coro de los pájaros
cincela en su gorjeo
el caer de la tarde.

Hay un mirlo que salta entre los setos
y una urraca que sigue desde arriba
sus pasos indecisos.

¿Qué vuelos se levantan en la hora
en que todo regresa y se recoge?

La noche ya ha caído en las montañas
y el niño llega al cuarto y se recuesta
a escuchar los sonidos que se encienden
mientras todo se apaga.

A salvo ya del mundo y sus fantasmas,
sin miedo a la intemperie,
en medio del silencio de la noche,
donde solo resuenan los acordes
que escribe el pensamiento,
comprende que la casa es el poema,
aprende que el refugio es la canción.

LO DEMÁS ES DEL VIENTO

Que el viento mueve, esparce y desordena.

GARCILASO DE LA VEGA

TODO lo que nos abre el apetito,
lo que enciende el deseo y nos salpica
con su mancha de cera entre las manos
es trabajo del viento.
Porque es él quien esparce
los pólenes, los pétalos
y el raro mecanismo del azar.

Son de él nuestra dicha y nuestro llanto,
de él nuestros temores, nuestras ansias,
es el viento quien mueve y quien deshace.

Es el viento que suena
detrás de los cristales
cuando el mundo se para hogar adentro.

El mismo que nos llama
a lo desconocido.

Lo nuestro es no saber, estar temblando,
preguntar sin respuesta y resignarnos.

Lo demás es del viento.

ATENCIÓN

A Antonio Moreno y a Bárbara Bertos

NO se puede explicar la poesía.

Igual que ese rectángulo de luz
que atrapa mi atención esta mañana.

Un rectángulo apenas sobre el césped
entre el boj y el ciprés.

Allí esa sensación de eternidad
que raramente ocurre.

Después, muy poco a poco,
la tarde irá rompiendo
los bordes de su limpia arquitectura.

Será la sombra ya, junto a la luz,
quien escriba el poema.

CASA NUESTRA

EL día ha terminado.
Inmersos en la tregua de la casa
conversamos sin prisa,
sin ninguna inquietud más que el anhelo
de estar en ese instante y compartir
las cosechas del día.

Está el balcón abierto
al patio de manzanas
y en la brisa nocturna,
tempranamente cálida,
se perciben compases de otras vidas:
cubiertos que se rozan,
el murmullo incesante de una tele,
la voz de una mujer
que habla por teléfono.

Todo va en esa calma
prendido en alfileres,
alzándose entre luces mientras cesa
el día lentamente
y yo escucho tu voz que se diluye
al lado de mi voz,
el aire que golpea una colcha tendida,
un timbre que pregunta.

¿Cuántos antes que yo
sintieron una calma similar,
cuántos vieron pararse
la vida en un remanso
del tiempo donde nada
parece fugitivo?

El día ha terminado y nuestro hogar
prolonga en su quietud
un minuto de dicha sin dolor.

De pronto se ha encendido una ventana.

NORMALIDAD

NOS conforman pequeños rituales
y en ellos encontramos
una forma de amparo frente al peso
de los días que pasan.

Pequeños rituales matutinos:
la crema sobre el rostro, el desayuno,
nuestros ojos buscando en el espejo
restos de juventud. Nada nos salva
como salva el rumor de la costumbre.

Repetir es volver,
regresar a ese círculo
de luz y oscuridad
con que nos conformamos.

Somos ese vaivén
entre fuerzas contrarias.

El sol de la mañana
no puede iluminar
la noche que se cierne
dentro de nuestro cuerpo.

LO PEQUEÑO

MIENTRAS barro los pétalos resecos
que el viento arremolina en mi terraza,
la ardilla se apresura por el césped
y el mirlo entona ya su último canto.

El mundo pasa rápido
por delante de mí sin que mis ojos
sepan darle la pausa que merece
porque no pueden ver lo diminuto.

Contempla lo pequeño, me repito,
ese mínimo cambio de la brisa
es más elemental
que cualquier canto.

Contempla el amarillo de esas flores
virando hacia el tostado de la tierra
que habrá de ser el lecho
donde dar a la luz nuevas simientes.

No busques en lo alto
la nota que ha de dar vuelo a tu tiempo,
por dentro de esas flores
dormitan universos en potencia
abriéndose a un futuro que aún no existe.

Contempla su minucia
como un advenimiento y hazte uno
con su baile de nadie en la baldosa,
con su torpe ignorancia en la deriva:
tu esperanza es el tallo de esas flores
y está creciendo adentro hacia la luz.

ENCINTA

ATRAVIESO despacio la piscina,
voy y vengo en el agua retomando
unos versos antiguos en que hablaba
del himen azulado y transparente.

Voy contando las vueltas y entre tanto
imagino tu cuerpo
flotando entre las aguas de mí misma
que flotan a su vez en este líquido
del tiempo que no pasa.

Mis brazos van buscando el adelante,
ese lugar exacto
donde ahora estás tú
y que no es ningún sitio.

Tú en el agua y yo en ella:
la vida es esta masa

de agua superpuesta
a la que ya has nacido.

Y ya es irreversible,
ya eres tiempo.

VUELAN las moscas sobre mi cabeza,
ocupan el espacio con su vuelo,
la estancia donde alargo
la tarde y me pregunto
qué cantidad de tiempo
recorren cada vez en proporción,
qué trecho de su vida, tan efímera,
supone cada vuelta a la lazada
con que anudan el aire.

Es todo lo que hay en esta tregua.

Tan solo cuatro moscas
en lo alto de la casa que es mi reino
y yo debajo de ellas, contemplándolas.

El sol les ilumina
las alas impacientes,

la radiante certeza
que corona el instante:
este aquí y este ahora.

CORAZÓN

A mi padre

ENREDADA en la turba
la raíz de la menta
es blanco laberinto
de luz entre la tierra,
camino de la savia
latiendo en estas manos
que trasplantan su aroma
a un lugar soleado del jardín.

En la sala de espera
un médico nos cuenta con metáforas
lo que ha ocurrido dentro de tu cuerpo:
una acequia vacía y un atasco
y un trozo de la huerta sin regar,
un breve territorio
donde todo es ya negro.

Ajenas a metáforas y cuentos
tus ganas de vivir
despuntan otra vez,
comienzan a moverse
la savia y los deseos que sostienen
la vida de los hombres.

También se hacen más fuertes,
tierra adentro de ti, nuestras raíces.

LO DICEN LOS JAZMINES

LO que dice el jazmín
en su lengua remota
es que no hay más nación que este perfume,
ni otra patria que ahora.

Por eso los sufíes adoran los jazmines.

Jazmín que arrastra el viento y nada dura.

Todo lo que nos duele es pasajero.

MARCHAR

A mi abuela

EN sus últimos días
mi abuela siempre estaba
queriéndose escapar
y había que cerrar todas las puertas.

Me voy, tengo que irme, nos decía,
no quiero estar aquí,
y luego ya en un hilo solamente:
un corre, corre, corre
que nos dejaba helados.

Un domingo de enero
la encontramos llorando en la estación.
Decía que quería volver con su mamá,
que era el último tren y que la pobre
estaría sufriendo,
que hace ya mucho rato
que me esperan en casa.

Y entonces le decíamos que no,
que su casa era otra y la llevábamos
despacio hasta su cuarto
y le dábamos leche y magdalenas.

Al calor de la mesa, de su mesa camilla,
nos volvía a contar la historia del abuelo,
la historia de la guerra, la del gato,
el ruido de las bombas,
el puente de Serranos,
la sorda que vivía en el piso de enfrente
y ese bucle infinito de tiempo repetido
en que se deshacía su memoria.

La tregua nos duraba unos instantes.

Al poco regresaba con los trenes,
y la huida y mis padres y la prisa
y el corre, corre, corre como un hilo
de vida que se extingue entre sollozos.

¿Adónde se querría marchar con tanta prisa?

¿Por qué esa repentina ansiedad por huir?

Al final se marchó,
muy temprano, de noche.
Aún silbaban los trenes en el aire.

BODEGÓN

A José Saborit

HAY cosas que no cambian:
el olor del sofrito en la cocina
muy pronto en la mañana.
La cebolla, el pimiento y el tomate,
el vaho en el cristal,
el rumor del aceite en las cazuelas
y unas gotas de lluvia
que ya hablan del otoño.

Feliz es lo cercano,
lo nuestro, esta mañana
donde miro tus dedos
cocinando despacio las verduras
que vendrán a ofrecerme
unas horas más tarde
lo mismo que tu piel,
esta confirmación rotunda de la vida.

ERMITA DE MONTIEL

CADA día anochece más temprano.
La fuga progresiva
de la luz que nos va robando el tiempo
es esta desazón en la colina
que sube hasta la ermita de Montiel,
esta torpe nostalgia
donde cuento las horas
que quedan del verano.

Hace solo un instante
era el rojo misterio
de la flor del hibisco.

Y un poco más atrás, pero muy poco,
era el blanco vacío de todo por hacer.

De nada ha de servirnos este avance
con que borra la noche nuestras almas.

El viento ya es más fresco y huele a abono.

PLACENTA

> Dios espera donde están las raíces.
>
> RAINER MARIA RILKE

DEBAJO de las cosas
que vemos con los ojos,
hay otras que no pueden explicarse
y son las que sujetan
la vida en su latido
sin voz y sin contorno.

La raíz que sostiene nuestras vidas
se hunde bajo capas invisibles
y solo algunas veces
al leer un poema o al dejar de pensar
podemos atisbarla en un descuido,
en un pliegue del tiempo.

Es el suave cordón umbilical
que mece con su música
la placenta del mundo.

HE escrito en la libreta
que todo está en su centro.

Y también este día
glorioso de diciembre
con este sol clarísimo
que no solo ilumina, transparenta
las cosas con su aguja
de luz y las enlaza:

el sol por las baldosas
en una casa extraña,
el miedo de la niña cuando observa
la llama palpitante de la vela,
el haz de la linterna entre los árboles
o el calor de la colcha junto a un libro,
la lúcida emoción de aquellas tardes
mirando el sol poniente en la terraza.

Un hilván encendido cose el mundo:
el vértigo de luz que me devuelve
la luz con que me abraza tu mirada.

PLAYA DE LOS MUERTOS

A Eve Ferriols

Y ahora bajo el sol
parece tan sencillo
quedarse aquí y hacerse
volumen con lo sólido y estar,
tan solo estar, callada,
abierta a la evidencia
de esta luz que es calor y que se hunde,
—no pensar, no elevarse, no salir—
aferrarse a la entraña, estarse dentro,
ser uno con la arena, con el mundo,
y escuchar las pisadas de los otros
y sentir esta calma
vacía y expectante de lo inmóvil.

INVENTAR EL MUNDO

A Lucía

CUANDO miras la luz
que enciendo por la noche
para darte mi pecho,
inauguras la luz e inauguras el pecho,
inauguras la noche y hasta el mundo
que rodea en su tenue duermevela
ese breve universo en el que habitas.

Todo se agrupa allí donde tú miras,
para nacer de nuevo:
la luz, la noche, el pecho
han nacido contigo.

AMOR

RECORRO con los dedos
el brote de geranio
que plantamos ayer en la maceta.

Observo la tersura de sus hojas,
el pequeño capullo donde asoma
una pizca de rojo, el vello suave
que sube por su tallo y hasta el corte
que trazó la tijera antes de tiempo.

Amar es conocer, me digo entonces,
aprender cada palmo
de vida en el espejo,
volver a los lugares,
besar los mismos labios,
encontrar en el haz de la caricia
los mismos accidentes.

¿Cómo algo tan sencillo
nos puede ser ajeno?

Amar es escuchar
que en el otro resuena y se amplifica
lo mejor de uno mismo.

CAMÍ FONDO

HE salido hace un rato
a ver si conseguía
retratar con mi cámara el minuto
dorado de la tarde:
los campos de alcachofa abandonados,
la avena balanceándose en el viento,
crujiente, pero tierna,
el sol en los bancales.

He andado entre las huertas demorando
el instante inmortal de darle al clic
y parar un segundo el tiempo en marcha.

La noche me ha tomado por sorpresa.

Muy dentro, en mis pulmones,
duraban los aromas de la tarde.
Lentiscos, cereales, manzanillas,

romero y tierra seca, me enseñaban
que yo, como la luz,
venía a deshacerme
en las cosas que miro:
un átomo de polvo,
una foto vacía,
un minuto sereno
que anochece despacio en la terraza.

FUTURO

EL frío que no avisa y es mi mano
saliendo de la colcha
y persiana cerrada
y un guiso en el hornillo
y rendija en la puerta
y la casa en silencio.

El frío bisturí
que desnuda las cosas
con su luz afilada,
el frío del invierno
bajo el sol de este parque
donde un par de ancianos
que aún no somos nosotros
alimenta palomas.

UN DÍA CUALQUIERA

AYER fuimos a Denia.
Hacía un día claro,
salpicado de nubes pasajeras.
Hablamos con amigos, abrazamos
la alegría sin dueño de Lucía
y tiramos al mar algunas piedras.
Luego fuimos a andar e imaginamos
nuestras vidas allí, junto a ese mar
y esos cantos rodados.

Unas niñas bajaron con sus bicis
vestidas de verano,
las caras sonrojadas del esfuerzo
y la vista perdida más allá.

Ya cerca de la noche
nos sentamos a ver pasar el tiempo
y el día se nos fue como viniera:

sin otra posesión que ese contento
tan párvulo y sonoro como el mar.

CIMA DEL GARBÍ

A Carlos Marzal y a Ángeles Martínez

DELANTE de mis ojos
cansados de trepar entre las rocas
y prestar atención a cada piedra,
el vacío es un bálsamo.

Un bálsamo la leve lejanía
del mar y las montañas,
el abismo inmediato.

Me llena contemplar ese vacío,
hablar con su intervalo,
discutir con su ausencia, preguntarle
qué suena en estos valles
cuando nadie está allí para escucharlo:
qué crujido de ramas y troncos abatidos,
qué aguas horadando las piedras de rodeno,
y qué nos cuenta el aire cuando pasa
de sus cuentas pendientes con el tiempo.

VENTANA ENTREABIERTA

UN gesto solamente:
entreabrir el cristal
del cuarto de mi abuela donde ahora
he montado el estudio
y dejar que la brisa
incipiente del día me recorra,
que vuelva hasta mis manos
la tibia absolución de estar en casa,
de seguir en la casa,
con la luz de septiembre en los visillos
y la tierra dormida
esperando simiente en las macetas.

Dejar de huir un rato
y quedarme a vivir en este instante,
sentada en el sillón, en este cuarto,
avenirme al silencio de las horas
y escribir otro verso si es que hay suerte.

Quién quiere poseer lo que es del aire.

MUERTE EN VERANO

MI centro es este mar a media tarde
donde trenzan sus hilos
el sol y los destellos de los peces
que nadan junto a mí.
Turquesa entreverado
de algas carmesíes
moviéndose al compás
de un vago pensamiento que aletea.

A lo lejos se escuchan
voces de los muchachos,
diosecillos que juegan sin miedo aún,
sin muerte, en la orilla de piedras
mientras tú vas juntando las más blancas,
sin tiempo tú también, sin pensamientos
que emborronen la cima del instante.

Vas contando las piedras y las horas
que faltan para el baño.

Y por eso las cuentas.

Frente al mar y su eterno movimiento,
en el cuento incontable de su espuma,
ves surgir un atisbo de azul eternidad.

Hoy ya lo has olvidado.

De nuevo eres mortal.

CREACIÓN DEL MUNDO

A Víctor Herrero

FUE un sábado de octubre en la mañana
quizás pedaleando hacia las fuentes,
sintiendo sobre el rostro
el frío del otoño
y en las manos el sol.

Vio que el mundo era bueno y fue poniendo
cada cosa en su sitio:
las huertas ordenadas con sus líneas
de sembrados en fila,
las montanas al fondo, su recorte
con tijera en la mano de algún niño.

Más tarde hizo el dondiego
en los márgenes secos de la senda,
el intenso carmín
de su flor y su aroma en la maleza.

Luego el agua estancada de los charcos,
la abeja que se mece en los rosales,
el gusano que cruza la calle que yo cruzo,
el muro de un chalet que se llama Alegría.

Lo fue poniendo todo en el camino,
porque todo era bueno y deslumbrante,
porque todo sumaba
su gramo de belleza.

Fue un sábado de octubre en la mañana,
tan perfecto era todo,
que hasta yo comprendí por un momento:
aquello era en verdad el paraíso.

PIEL

LA verdad de la piel
reaparece en verano
con una claridad que nos desarma
y nos hace buscar
en la sábana muda
la piedad de su asilo.

La piel que nada sabe,
porque es como una niña que reclama
su ración de caricias
y es frontera también
aunque no tiene límites.

Agua fría de mar,
arena entre los dedos,
abrazo de toallas bajo el sol.

Hay amor en la piel, en el contacto
de dos pieles que buscan
volver a esa primera
verdad de nuestra vida:
a la cuna matriz, al brazo rama,
al otro corazón en nuestro oído.

Por eso este deleite de tocar,
de buscar otra piel con que tocarnos,
de rozar con la piel
la piel que deseamos.

A flor de piel va el tiempo
saliendo de su cáscara.

La piel que nos separa y nos acerca,
superficie y abismo.

PRIMER MES

SERÁ también un sábado
y quizás suene Bach en el salón
igual que suena ahora,
y es probable que llueva
como llueve a finales de febrero
con esa levedad de sábana y de plomo.

Yo estaré con un libro en la butaca.

Quizás se escuche al lado
la certeza de vida de un vecino:
un martillo que clava,
una alarma que avisa
o el llanto de un bebé.

El tiempo seguirá
pasando muy despacio,
igual que pasa ahora mientras dejo

que mi vista se pierda en el pasillo
al pasar de la página,
y te miro dormir.

Será también un sábado.

Y no estará la cuna.

ADVENTICIA

> Cuántas flores se mustian en el bosque o en la colina mueren sin llegar a saber que son muy bellas.
>
> EMILY DICKINSON

EN el margen derecho de la senda
se yergue solitaria
una flor cuyo nombre nadie sabe.
Su lucha vertical es la lección
más limpia que conozco:
crecer para el olvido
con esa dignidad que es ignorancia.

NO hay otra explicación:
nos pasamos la vida
buscando ese reencuentro,
el regreso feliz de aquel exilio
al que una vez el tiempo
nos lanzó sin aviso.

Todos los libros hablan de lo mismo.
Y todos los poemas
de amor. Y las canciones.
Los dramas y las guerras, las intrigas,
los celos y el deseo, los banquetes
ocurren por la misma sinrazón:

el vacío que deja
en nuestros corazones
saber que nunca ya
seremos uno solo con el cuerpo

que fue nuestra antesala, nuestro abrigo,
nuestra puerta a este reino.

EN SUSPENSIÓN

LA propia anatomía del camino
permite regresar, cambiar de rumbo,
volver sobre los pasos o dudar.
Por eso estar en él nos reconforta,
nos quita la correa de ser siempre los mismos,
de ser siempre adelante.

Estar en el camino
es estar todavía, estar aún,
poder considerar la encrucijada,
la potencia de cada itinerario,
volver sobre las huellas que recorren
la senda que elegimos
o ver cómo la arena se deshace
en el sueño de aquella que dejamos pasar.

Delante de nosotros,
como esta mariposa indiferente

que azul revolotea en la mañana,
va siempre nuestra duda.

Dudar es mantenerse
suspendido en el aire.

Dudar es esta casa en la intemperie
que llamamos camino.

MEMORIA INFANTIL

SI recuerdo la luz
de aquellos ventanales
es quizás porque he visto algunas fotos,
pues dicen que no alcanza la memoria
a clavar sus anzuelos
donde aún no hay palabras.

Es tan claro el recuerdo sin embargo
que a veces me parece
poder reconocerla en otras luces:
la luz de mi primera habitación
se derrama también por la que ahora
es mi cama y mi cuarto,
cual si fueran las luces siempre iguales
y nosotros el hilo en que se unen.

Estoy sobre la cama de mis padres.
Es mi respiración
todo lo que la luz oculta y muestra.

No hay materia más nítida
que este instante de nadie.

EL JARDÍN

A Juanvi Piqueras

PASADAS ya las nueve de la noche,
en los días de julio,
el mundo se detiene,
se aquietan los sonidos que recorren
las ramas de los árboles
y la luz se matiza subrayando
los contornos precisos de las cosas.

Se encienden las macetas que he sembrado
esta tarde en los bancos
de detrás de la casa,
los huecos que la vida
dibujó en la pintura, el gris exhausto
del cemento que cubre los ladrillos,
la vieja tubería que gotea.

Todo lo que ahora canta
delante de mis ojos
está a punto de irse hacia la noche.

Escribir poesía
es cuidar un jardín
donde solo germina lo que muere.

INSOMNIO

DE pronto el pensamiento abre su cauce
y todo se me anega de palabras,
la noche fosforece en los disparos
de imposibles preguntas sin respuesta.

No hay dique que detenga su corriente,
ni sosiego que aquiete su prisión.

¿Es esto la conciencia?
¿Un animal despierto
en medio de la noche?
¿Esta serpiente blanda
que rellena el vacío con su lengua?

¿Es esta la conciencia de que hablaban
los cuentos y las fábulas,
las madres y los curas?

Mi culpa es la serpiente
que muerde cada noche
mis pies al deslizarse entre las sábanas.

OJALÁ

SEA lo que Dios quiera, que la vida
lance al aire los dados
y un dios desconocido
disponga en ese azar su sabia apuesta.

Y que broten del no las negaciones
que alientan el deseo,
las ganas de lanzarse
otra vez al albur de los caminos.

Y que broten del sí los sobresaltos,
los síes que confortan y afianzan,
los que abren nuestro cuerpo
en señal de victoria.

Y también los no sé, los sobre todo,
los aún y los puede,
los tal vez y los nunca, el ojalá.

Y que Dios siga siendo
esta limpia emoción que invade el cuerpo
cuando lanzas los dados y se abren
en la espera del vuelo
las páginas en blanco de la vida.

MADRE

A mi madre

AGUA limpia y jabón,
luz de sol que resbala
sobre el plato de flores,
ropa blanca meciéndose en el viento,
manos suaves que buscan esa frente.

Las sábanas que arropan y perfuman,
el blanco nuclear,
el frescor en la piel que nos cura y sosiega.

Una sola palabra:
nos abraza al decirla.

CUÁNTAS veces despiertas sin saber
ni quién eres ni dónde
has dejado tu cuerpo,
absuelto de la carga de saberte
y también de las penas que atesoras.
Esos breves segundos
en que aún no eres nadie te regalan
el sueño de ser otro,
la limpia absolución de cualquier culpa.
Muy corto es ese lapso,
tan fugaz, tan precario
que apenas te das cuenta
de que aún eres tú, que tus preguntas
siguen siendo las mismas.
Después todo regresa a sus inercias.
La noche es la corteza de una herida
que sangra hacia la luz.

TESTIGO

EL pespunte del grillo
que en las noches finales de septiembre
sostenía el insomnio de un deseo lejano
es hoy el diapasón de mi recuerdo,
el eco en que se engarzan las palabras
que tratan de atrapar
aquello que se fue sin decir nada,
tan breve como el grillo
que aún canta en mi memoria
y ya está muerto.

LA luz que cruza ahora la ventana
y llega hasta tu pie
y atraviesa la cuna
y avanza por el suelo del salón
no procede del cielo
que custodia la escena desde atrás:
esa luz que ahora toca
el milagro minúsculo del dedo
meñique de tu pie
procede de mi infancia
y avanza sin retorno
hacia ese lugar
donde yo ya no estoy,
pero te espero.

HELECHOS

TÚ dibujas helechos
en el cuarto de al lado,
yo intento traducir en el papel
la música que cantan las cigarras.

En tus manos se mueven
las hojas y el pincel, y entre las mías
una lluvia de esporas sin sonido.

El tiempo superpone sus estratos
en la piel de las horas,
sus capas de pintura.

Pienso en piedras y fósiles,
en helechos antiguos,
en huellas escondidas en la nieve
y en migajas que marcan el camino
de regreso a la casa de los padres.

Escribir poesía, pintar cuadros
es tratar de dejar
un rastro en el papel,
un vestigio tan solo
de ese sueño imposible que es volver.

Tus helechos se yerguen en mi sueño
y tiemblan en mis manos que desean
escribirlos aquí en la luz de agosto.

Tú dibujas helechos
en el cuarto de al lado,
y yo busco palabras
que vuelen como esporas
que me dejen
regresar a este instante
si me siento perdida alguna vez.

EL murmullo del bar
donde apuro otro quinto de cerveza
me sume en un extraño aturdimiento.

Huele a anís, a coñac,
a leña y a animal, a hojas de chopo
deshaciendo su huella contra el barro
de un río que no cesa de sonar.

Dentro rugen las fichas
de un viejo dominó
y las voces que dicen
invierno, cortar leña, hacer conservas.

Son las voces de hombres y mujeres
que ya no están aquí, pero que hablan
a través de los vivos con sus juegos,
sus formas de reír o de marcharse.

Estamos en el bar
esos muertos y yo,
y un tubo de neón anula el tiempo.